OBSERVATIONS

Pour la Dame veuve CALAS & sa famille.

LA longueur inévitable de l'instruction de l'affaire des Calas, a causé differens mouve-
mens dans le Public. Beaucoup de Citoyens,
toujours également frappés du désastre de cette
famille, en ont été alarmés. On les a entendus
se demander les uns aux autres si l'outrage fait
à la nature en la personne de Jean Calas ne sera
donc point réparé ; si le Conseil laissera subsister
un Arrêt qui laisse à découvert ce que les hommes ont de plus précieux, la vie & l'honneur.
Instruits que dès le 7 Mars 1763, Sa Majesté a
ordonné l'apport des charges & informations, ils
sont surpris d'un retardement dont ils ignorent
la cause ; ils accusent les formalités prescrites
par les loix, qui sement tant de difficultés dans
le chemin qui conduit l'innocence à sa justifica-
tion.

Mais d'autres plus faciles à prévenir, ont été
tentés de prêter l'oreille à certains propos répan-
dus à l'occasion de ce retardement. Car au milieu
de cette incertitude de Jugement, suite naturelle
de toutes les longues affaires, la malignité saisit
les moindres apparences pour étouffer le cri de
l'innocence & lui porter les derniers coups. Com-

A

bien de bruits jettés comme fans deſſein, font deſtinés à refroidir l'intérêt public, à déguiſer le fanatiſme qui fut le premier artiſan de cet affreux procès, à accréditer les menſonges dont il s'eſt ſervi pour l'étayer, à faire perdre de vue, s'il étoit poſſible, les circonſtances frappantes & victorieuſes qui atteſteront à jamais l'impoſſibilité du crime imputé au malheureux Calas? De pareils artifices pourroient-ils en impoſer?

Non, ce n'eſt point ſur des propos auſſi mépriſables que le ſort des Calas ſera décidé. Les pieces du procès, dont ils ont ſi long-tems ſollicité l'envoi, font enfin ſous les yeux de Magiſtrats éclairés, integres, & ces pieces ſeront examinées avec toute l'attention qu'exige une cauſe auſſi importante à l'humanité. Malgré les ruſes de la calomnie, les yeux perçans de la Juſtice pénétreront ſans peine dans l'immenſe procédure apportée au Conſeil, & ils ſçauront y démêler le genre d'irrégularités qui doivent opérer la caſſation des Arrêts, parce qu'elles font une preuve légale que les Juges ont été induits en erreur.

Quelle eſt en effet la raiſon eſſentielle qui donne lieu à la caſſation des Arrêts, lorſqu'il s'y trouve des contraventions aux Ordonnances? Elle eſt ſimple & naturelle. Les formalités preſcrites pour l'inſtruction des procès, & ſur-tout des procès criminels, font les routes indiquées par la loi pour découvrir la vérité, pour garantir les Juges de toute ſurpriſe, pour empêcher qu'ils ne puiſſent confondre la vérité avec de ſimples apparences, & prendre des ſoupçons pour une pleine conviction. Si donc les Juges s'écartent de ces routes tracées avec tant d'atten-

3

tion & de sagesse par le Législateur, la présomp-
tion est de droit qu'ils ne sont pas parvenus à la
connoissance de la vérité ; par conséquent leur
Jugement doit être déclaré nul.

Si ce principe est vrai, comme on n'en peut
douter, même dans les affaires civiles, à plus
forte raison doit-on s'y attacher scrupuleu-
sement dans les procès criminels, où l'honneur
& la vie des Citoyens sont en compromis. Car
suivant un Auteur moderne *, *la Justice ne sçau-
roit trop approfondir les faits, parce que ce seroit un
trouble plus violent porté à l'ordre public, de sacri-
fier un innocent, que de laisser un crime impuni.*
Un Jugement injuste en matiere criminelle est
donc un attentat à l'ordre public dans la partie
qui intéresse le plus essentiellement les hommes ;
& cet attentat devient plus grave, à proportion
de l'éclat & de la sévérité de la peine infligée à
l'innocent.

Mais si toute procédure criminelle exige ab-
solument que les Juges suivent, pour ainsi dire,
pas à pas, les regles indiquées par les Loix pour
l'instruction des procès, jamais cette exactitude
fut-elle plus nécessaire que dans l'affaire des malheureux Calas ? Laissons à part pour un moment
l'injustice & l'irrégularité de l'accusation. Si les
Juges se croyoient autorisés à entamer ce funeste
procès, quel flambeau pouvoit les éclairer dans
la recherche de la vérité ? Aucun témoin ne s'est
présenté qui ait pu dire *j'ai vu commettre le crime.*
L'enthousiasme & le fanatisme n'ont produit que
des ouï-dires, des soupçons, de prétendues vrai-
semblances. D'un autre côté, c'est un fait certain que les accusés ont toujours nié constam-

* *Essai sur
l'esprit & les
motifs de la
procédure cri-
minelle, édi-
tion de 1755
page 14.*

ment d'être les auteurs de la mort de Marc-Antoine Calas.

Ainsi les Juges manquoient des deux plus puis-
fans appuis de toute procédure criminelle : le
rapport des témoins, & la confeſſion des accuſés;
il ne leur reſtoit de reſſource que dans l'examen
des témoins muets, & dans la combinaiſon des
circonſtances qui avoient accompagné la mort
de Marc-Antoine Calas. Dans une ſituation auſſi
embaraſſante, pouvoient-ils s'attacher trop fortement aux regles? Et s'ils les ont négligées, pour-
roit-on laiſſer ſubſiſter leur Jugement, ſans donner une atteinte mortelle à la ſûreté de tous les
Citoyens?

C'eſt d'après ces grandes vues, qu'on croit devoir à l'importance de l'affaire, de retracer au
Conſeil quelques refléxions ſur la procédure qui
a ſervi de fondement à la condamnation de Jean
Calas.

§. I.

Le Titre IV. de l'Ordonnance de 1670, ren-
ferme deux articles dont on ne peut trop peſer
les termes, parce que ce ſont peut-être les plus
fortes barrieres que le Légiſlateur ait pu oppoſer à l'injuſtice & à la prévention.

« *Les Juges*, porte l'article I, dreſſeront *ſur*
» *le champ & ſans déplacer*, procès-verbal de l'é-
» tat auquel ſeront trouvées les perſonnes bleſ-
» ſées, ou le corps mort; *enſemble du lieu où le*
» *délit aura été commis, ET DE TOUT CE QUI*
» *PEUT SERVIR POUR LA DÉCHARGE OU*
» *CONVICTION.*

» Les procès-verbaux (c'eſt l'article II du

» même titre) feront remis au Greffe *dans les*
» *vingt-quatre heures*, enfemble les armes, *meu-*
» *bles & hardes* qui pourront fervir à la preuve,
» & feront enfuite partie des pieces du procès ».

Telle eft la loi impofée aux Juges. Le fieur
David s'y eft - il conformé lors de la defcente
qu'il fit dans la maifon de Jean Calas, le foir
du 13 Octobre 1761 ?

1°. C'EST UN FAIT certain, que le procès-verbal n'a point été fait *fur le champ & fans déplacer.*
Toutes les perfonnes qui affifterent à la defcente
faite par le fieur David, & dont la plûpart ne
le perdirent pas de vue, peuvent attefter que
ce Capitoul n'écrivit & ne fit rien écrire dans
la maifon. Le Confeil d'ailleurs peut s'en con-
vaincre par lui-même, en examinant fi ce procès-verbal eft daté du lieu & du tems où il a été
rédigé ; fi fa date, en cas qu'il en contienne quel-
qu'une, peut s'accorder avec celle des autres
actes qui doivent y être énoncés ; s'il eft figné
de ceux qui y ont affifté ou qui y ont concouru,
entr'autres par le Médecin & les deux Chirurgiens, dont le fieur David a dû recevoir le fer-
ment contenant promeffe de dire vérité.

Mais au refte, à quoi bon ces recherches ? Une
preuve certaine que le procès-verbal n'a point
été rédigé fur le lieu, c'eft qu'il ne contient point
les interrogations d'office qu'on a coutume de
faire en pareilles occafions à ceux qui fe trou-
vent fur le lieu du délit. Ce n'eft qu'à l'Hôtel
de Ville après y avoir fait transporter le cadavre,
& par des actes féparés, que le fieur David a
reçu d'office les déclarations du pere, de la mere
& du frere du défunt, du fieur Lavayffe & de

la servante. Or si le procès-verbal eût été rédigé sur le lieu, ces déclarations feroient partie du procès-verbal, & elles ne formeroient qu'un seul & même contexte avec lui.

A cette occasion, qu'il soit permis de demander pourquoi commencer par faire transporter le cadavre à l'Hôtel de Ville, & attendre que les accusés y aient été conduits, pour recevoir leurs déclarations d'office ? Y avoit-il un tems & un lieu plus propre pour s'éclaircir avec eux de la vérité du fait, que lorsque le cadavre existant encore dans la maison, mettoit le sieur David à portée de leur faire, en présence du Médecin & des Chirurgiens, toutes les questions & toutes les interpellations qu'il auroit jugées nécessaires d'après les remarques qui avoient été faites sur l'état du cadavre, & sur toutes les autres circonstances d'un si tragique accident ? Que dire, que penser de cette conduite dans une affaire aussi importante ?

Quoi qu'il en soit, il résulte des observations qu'on vient de faire, que le procès-verbal de descente a été fait après-coup & de mémoire. Si dans une affaire criminelle où tout dépend souvent des premieres démarches, le sort des accusés est livré à l'incertitude de la mémoire d'un Commissaire ; s'il est permis de porter cette légereté, cette négligence, dans une opération aussi essentielle, à quoi tiennent la vie & l'honneur des sujets du Roi ?

2°. L'ORDONNANCE obligeoit le sieur David de dresser procès-verbal *du lieu* où le prétendu délit avoit été commis. La famille Calas est bien sûre que ce Capitoul n'y a point satisfait. Pourroit-elle même en douter lorsqu'elle est instruite que ce n'est que plusieurs jours après que les Capitouls se font avisés de faire une nouvelle descente dans la maison, pour constater, dit-on, l'état des lieux ? Etoit-il tems de remplir une formalité essentielle que l'Ordonnance enjoignoit au sieur David de faire *sur le champ & sans dépla-cer ?* Des gens mal intentionnés n'ont-ils pas pu, dans cet intervalle, changer la disposition des lieux pour donner un air de vraisemblance à une accusation hasardée témérairement, & qu'on se croyoit intéressé d'honneur à soutenir ? Un moment est précieux lorsqu'il s'agit de l'honneur & de la vie des hommes ; & les Capitouls laissent écouler plusieurs jours sans se donner la peine de vérifier des circonstances, qui pouvoient ou constater le crime ou manifester l'innocence.

3°. SUIVANT la même Ordonnance , le sieur David devoit dresser procès-verbal de tout ce qui pouvoit servir *pour la décharge ou conviction,* & faire transporter au Greffe , *dans les vingt-quatre heures,* les meubles & hardes qui pouvoient servir à la preuve , & faire ensuite partie des pieces du procès.

Rien n'étoit plus important dans l'espece que l'observation de cette disposition.

D'abord il n'est pas possible de penser que, soit dans les poches des habits de Marc-Antoine Calas , soit parmi les meubles qui lui apparte-noient en particulier , il ne se soit trouvé des livres, des lettres, ou autres papiers qui au-roient donné des lumieres sur sa façon de penser.

On doit d'autant plus le présumer que depuis le Jugement du procès, la famille Calas a recouvré une lettre. écrite par le défunt, au fieur Cazeing de Nifmes, le 18 Janvier 1761, qui prouve évidemment que Marc-Antoine ne penfoit point à fe convertir *. Il eft probable que dans fes papiers, on auroit trouvé bien d'autres preuves de fes fentimens. Il falloit donc s'en faifir ; il falloit les faire porter au Greffe *dans les vingt-quatre heures*, pour que les Juges puffent les examiner à loifir, & en tirer des preuves pour ou contre les accufés. Seroit-il poffible que le fieur David eût pris fur lui de déclarer ces papiers inutiles, & de fouftraires ainfi aux regards de la Juftice, les preuves peut-être les plus irreprochables qu'elle pût défirer.

En fecond lieu, le fieur David ne pouvoit trop tôt conftater & faire porter au Greffe les inftrumens de la mort de Marc-Antoine Calas. En a-t-il fait la defcription ? En a-t-il même fait la recherche ? Il le devoit, puifqu'on affûre que le Médecin & les Chirurgiens ont déclaré dans leur rapport que Marc-Antoine Calas étoit mort étranglé. S'il ne l'a pas fait, à quels dangers n'a-t-il pas expofé les accufés ?

Ceci n'eft point une vaine déclamation. Rien n'étoit plus important, on le répete, que de mettre fur le champ dans le dépôt de la Juftice, les inftrumens de la mort de Marc-Antoine Calas. Une des principales objections qu'on ait faite à fa famille, c'eft que le billot auquel il s'eft fufpendu étoit trop court pour être appuyé fur les deux battans de la porte par laquelle on entre de la boutique au magafin. On conçoit dès-lors que la longueur, plus ou moins grande, de ce billot a été regardée comme un fait très-important, quoique dans le vrai, il fût affez indifférent, puisqu'en rapprochant les battans de la porte, le billot se trouvoit assez long. Quoi qu'il en soit, comment a-t-on osé dire que ce billot étoit trop court, après qu'on l'a laissé plusieurs jours sans en constater la longueur, exposé aux entreprises de quiconque aura pu le racourcir ? Une telle méchanceté, dira-t-on, peut-elle se présumer ? Eh, pourquoi le fanatisme n'en seroit-il pas capable ? On en verra dans la suite d'autres exemples ; mais quand ces exemples manqueroient, est-il permis de rien hazarder dans une matiere aussi grave ?

En un mot, l'Ordonnance exigeoit la description & le transport au Greffe, au moins *dans les vingt quatre heures*, du billot, de la corde qui y étoit attachée, des meubles & hardes du défunt, & généralement de tout ce qui pouvoit servir *pour la décharge ou conviction*. Rien de tout cela n'a été fait. Par conséquent le procès-verbal de descente est nul, & toute la procédure est nulle puisqu'elle porte sur ce seul appui.

§. II.

ON VIENT de voir que par les défauts essentiels du procès-verbal de descente, le sieur David a fait perdre aux accusés tous les témoignages muets qu'ils pouvoient trouver dans la disposition des lieux, dans les circonstances du fait, & dans les meubles, hardes, livres, papiers & instrumens dont la description devoit être faite sur le champ, & le transport au Greffe dans les vingt-quatre heures. On va voir présentement que, par une autre contravention à l'Ordonnance, les Capitouls ont enlevé à la famille Calas les feuls témoins oculaires qui puffent dépofer de la vérité du fait.

On a prouvé dans le Mémoire imprimé pour la famille Calas *, que les Capitouls n'avoient aucun droit de faire arrêter & écrouer cinq perfonnes domiciliées, avant qu'il eût été fait aucune information, avant qu'il y eût contr'elles le moindre indice, avant même qu'elles fuffent accufées, & malgré les raifons frappantes qui les mettoient à l'abri de tout foupçon.

*Pag. 37, 38 & 39.

Dira-t-on qu'un homme trouvé mort dans une maifon particuliere, eft un motif de s'affurer de tous ceux qui font dans la même maifon? Certainement lorfqu'on voudra y refléchir, on fe perfuadera fans peine que rien ne feroit plus injufte, plus dangereux, plus attentatoire à la fûreté de tous les Citoyens, que d'admettre indiftinctement un femblable principe.

Les articles VIII. & IX. du titre X. de l'Ordonnance de 1670 fpécifient les feuls cas dans lefquels un Juge quelconque peut decréter, fans arrêter & écrouer un Citoyen, fans information préalable: 1°. pour crime de duel, *fur la feule notoriété ;* 2°. fur la plainte des Procureurs du Roi *contre les vagabonds,* & fur celle des Maîtres, *pour les crimes & délits domeftiques ;* 3°. en cas de *flagrant délit;* 4°. enfin, fur la *clameur publique.*

La famille Calas n'étoit point dans les trois premiers cas, rien de plus évident. Etoit-elle dans le quatrieme? On a répandu à Touloufe, que lors de la defcente du fieur David dans la maifon de Jean Calas, il s'étoit élevé de la foule une voix qui avoit accufé ce dernier d'avoir étranglé fon fils en haine de la Religion. Mais outre qu'une voix d'un inconnu & d'un téméraire ne forme pas une *clameur publique*, par où est-il prouvé qu'on ait véritablement entendu cette voix ? Le procès-verbal du sieur David en fait-il mention ? Et s'il n'y est rien dit d'un pareil fait, peut-on douter que ce ne soit un propos imaginé après coup pour justifier l'emprisonnement de cinq personnes que toutes les Loix devoient garantir d'une pareille voye de fait ?

Ainsi en faisant arrêter & écrouer le pere, la mere, le frere, l'ami & la servante, les Capitouls ont contrevenu formellement aux Loix gardiennes & protectrices de la liberté des Sujets du Roi : ils ont donné un exemple qui doit faire trembler les personnes dont la conscience est la plus pure ; & ce qu'il y a peut-être de plus fâcheux encore, c'est qu'à ce signal toute la Ville de Toulouse a retenti de ces bruits aussi affreux qu'absurdes, qui volant de bouche en bouche, & se diversifiant en mille manieres, ont formé l'orage qui a fondu sur la tête de l'infortuné Calas.

Qui pouvoit alors défendre ce malheureux pere contre la violence de ce débordement ? On avoit, pour ainsi dire fermé la bouche aux deux seuls témoins qui pouvoient parler en sa faveur. Le sieur Lavaysse & sa servante étoient dans les prisons : ils etoient accusés, & par conséquent hors d'état de rendre un témoignage qui pût servir à l'innocence. Eh ! Quand bien même les Capitouls auroient eu des prétextes pour faire arrêter le pere, la merre & le frere, quelle raison pouvoit les autoriser à faire emprisonner un jeune homme arrivé de la veille à Toulouse, arrêté fortuitement à souper, & qui devoit partir le lendemain pour aller retrouver ses parens à la campagne ? Pourquoi impliquer dans le procès une fervante que fa catholicité & fur-tout la part qu'elle avoit eue à la converfion de Louis Calas, ne permettoient pas même de foupçonner ? Deux inconvéniens bien terribles ont réfulté de cet emprifonnement : on a fait perdre aux accufés une des preuves les plus certaines de leur innocence, & par un femblable éclat, on les a livrés à tous les excès de la prévention & du fanatifme.

C'eft ainfi qu'en s'écartant des Loix, on s'écarte prefque toujours de la Juftice ; & c'eft pourquoi il eft fi important que le Confeil maintienne l'exécution des regles prefcrites aux Juges, principalement en matiere criminelle. Rien de plus précieux que l'honneur & la vie des Citoyens ; par conféquent, rien ne doit être confervé avec plus de foin que les précautions prifes par les Loix pour leur affurer la poffeffion de ces deux biens : tout ce qui peut tendre à les en priver injuftement, doit être caffé, parce que, comme on l'a déja dit, *ce feroit un trouble plus violent porté à l'ordre public, de facrifier un innocent, que de laiffer un crime impuni.*

§. III.

ON NE CROIT PAS devoir rien ajouter ici à ce qu'on a dit dans le Mémoire imprimé, fur la nullité du rapport du Médecin & des Chirurgiens, du fecond rapport du fieur Lamarque Chirurgien, du Monitoire, & du fecond procès-verbal de defcente fait dans la maifon de Jean Calas, plufieurs jours après l'emprifonnement de la famille, ainfi que fur la nullité réfultante de ce que plufieurs des Juges qui étoient manifefte-

ment récusables, ont néanmoins affisté & opi-
né au jugement du procès.

On affure qu'il a été fait encore quelques
jours avant la Sentence des Capitouls, une troi-
fieme defcente dans la maifon du fieur Calas.
Cette nouvelle démarche eft une preuve de plus
de la nullité du premier procès-verbal de defcente. Car fi ce premier procès-verbal eût été
fait conformément à l'Ordonnance, il devoit
contenir la vérification exacte du lieu & de tout
ce qui pouvoit avoir rapport à l'éclairciffement
du fait.

Quant au différens interrogatoires qu'on a
fait fubir aux accufés, & aux procédures qui y
font relatives, le Confeil les examinera fans
doute avec la plus grande attention ; & en les ra-
prochant des chefs du Monitoire publié dans
toutes les Eglifes de Touloufe, il verra jufqu'à
quel point la prévention s'eft déclarée dès les
premiers inftans contre la malheureufe famille
Calas. Car avant qu'il fût furvenu aucune charge
qui pût autorifer des foupçons légitimes, & dès
les premiers jours de leur détention, les accufés
s'entendirent avec horreur faire les queftions les
plus révoltantes. On demanda au pere, à la mere
& au frere, s'ils n'avoient pas comploté enfemble de fe défaire de M. A. Calas, en le faifant
mourir de façon on d'autre : à la fervante, fi
elle ne l'avoit pas vu étrangler par fon frere,
fon pere ou fa mere & autres perfonnes : au pere,
fi le 13 Octobre, il n'exécuta pas fon *pernicieux
deffein*, depuis fept heures du foir jufqu'à environ
dix heures, ou s'il ne le fit exécuter par des perfonnes cachées dans la maifon pour étrangler fon
fils ; s'il n'étoit pas vrai qu'ayant prémédité la

mort de fon fils, il avoit fait faire dans la cave, une foffe pour l'enterrer; s'il n'avoit pas pendu fon fils en haine de fa Religion, & mille autres queftions auffi barbares.

Bien plus, on a fçu depuis le Jugement, que dans l'un des premiers interrogatoites de la fervante, le Commiffaire lui fit une repréfentation tendante à lui faire dire que le foir du 13 Oſtobre, M. A. Calas ayant apporté du fromage pour le deffert, elle chercha à le détourner de monter dans l'appartement, fous prétexté que s'il s'obftinoit à y monter, il lui arriveroit quelque malheur, ce qui fut nié conftamment par la fervante. On affure qu'il a été fait une infinité de queftions femblables tant aux accufés qu'aux témoins; queftion qui dans l'intention des Juges, ne tendoient fans doute qu'à éclairer leur religion; mais qui prouvoient démonftrativemeut qu'ils étoient fortement prévenus de la réalité d'un prétendu crime qui n'étoit appuyé d'aucune preuve, ni d'aucune vraifemblance. Ne fe peut-il pas faire d'ailleurs que les témoins déja trop échauffés fur cette malheureufe affaire, voyant les Juges témoigner fi ouvertement leurs fentimens, fe foient crus dès-lors autorifés à dépofer comme des faits certains, de fimples conjeſtures, ou de fimples oui-dires ?

§. IV.

LES PREMIERES procédures ayant été faites de maniere à faire périr toutes les preuves qui pouvoient fervir pour ou contre les accufés, il eft clair que cette perte n'a pu être réparée par les informations faites d'après la publication du Monitoire; car les Capitouls ayant fait emprisonner & écrouer les deux seules personnes qui pouvoient déposer du fait comme témoins oculaires, que peuvent contenir les informations, sinon des propos vagues, des soupçons téméraires, ou des conjectures hasardées ? D'ailleurs, comme on l'a déja observé dans le Mémoire imprimé, * toutes les dépositions qu'on a regardées comme les plus fortes, portent sur la supposition que M. A. Calas étoit converti & prêt à faire abjuration : or, quand bien même ces dépositions seroient encore plus positives & plus multipliées, elle s'évanouissent dès-lors qu'il est certain que malgré les publications réitérées du Monitoire, & malgré la fulmination de l'excommunication qui s'en est ensuivie, aucun Ecclésiastique ne s'est présenté, qui ait pu dire, *j'ai instruit M. A. Calas, je l'ai confessé, je l'ai disposé à faire son abjuration.* Quelle que puisse être la rage du fanatisme, il faut nécessairement qu'elle cede à la force de cet argument.

Quant à la forme des informations, le Conseil est seul en état de l'examiner, attendu que ce sont des pieces secretes. La famille Calas ne peut donc que s'en rapporter à cet égard, à la prudence, à l'attention & aux lumieres supérieures de ses Juges, & elle se bornera à quelques reflexions générales sur les informations en elles-mêmes.

1°. C'EST UN FAIT certain, qu'un très-grand nombre des dépositions des témoins ne sont que des oui-dires. Comme des oui-dires en quelque nombre qu'ils soient, ne font par eux-mêmes aucune preuve, les Juges ont dû remonter à la

Voyez le Mémoire imprimé, page 59 & suivante jusqu'à la 77.

fource : l'ont-ils fait ? A-t-on fait affigner ceux de qui certains témoins prétendoient tenir les oui-dires qui rempliffent leurs dépofitions ; & s'ils ont été affignés, ont - ils confirmé les difcours qu'on leur attribuoit ? C'eft un des points les plus importans à examiner ; car c'eft par-là principalement qu'on peut juger de la fidélité ou de la mauvaife difpofition des témoins.

On affure que quelques femmes fe font réunies, pour rapporter plufieurs faits très-méchans, & en même tems abfurdes, comme les tenans directement du fieur Roux, Marchand à Touloufe. On ajoute que le fieur Roux ayant été entendu comme témoin dans la continuation d'information, il a nié purement & fimplement les propos qu'on avoit eu la témérité de lui attribuer. Il y a fans doute plufieurs autres dépofitions qui font dans le même cas.

2°. Il est de la derniere importance d'examiner fi les dépofitions des témoins qui rapportent un même fait, s'accordent entr'elles, fi elles peuvent fe concilier avec les faits qui font demeurés conftans au procès.

De tous les témoins qui ont rapporté les cris qu'ils prétendent avoir entendus, ou qu'on leur a dit avoir entendus dans la boutique de Jean Calas, vers les neuf heures & demie du foir, il n'y en a aucun, dit-on, qui s'accorde avec les autres. L'un a entendu crier *au voleur :* l'autre, *ah ! mon Dieu, ah ! mon Dieu.* Un autre rapporte fur un prétendu oui-dire d'Efpaillac, Garçon Perruquier, qu'on a crié, *ah ! mon Dieu, on m'affaffine, ah ! mon Dieu, on m'étrangle.* Un autre a oui dire, dit-il, au même Garçon Perruquier

quier, qu'il avoit entendu crier, *ah ! mon pere, vous m'étranglez.* Suivant un autre oui-dire, on avoit entendu crier, *ah ! mon Dieu, mon pere, vous me faites tuer, vous n'avez pas pitié de moi: ah ! mon Dieu, ayez pitié de moi.* Un autre a entendu, dit-il, ces mots, *mon pere, laissez-moi faire un acte de contrition.* Enfin, suivant un autre témoin, la servante du sieur Durand, Perruquier, voisin de Jean Calas, étant montée à la même heure sur le toît de la maison, entendit crier, *mon Dieu ! pourquoi m'étranglez-vous ;* & la servante du sieur Ducassou, en couchant la petite fille de son maître, entendit au contraire, *à l'assassin, je suis mort.*

Quelle étonnante variété dans tous ces rapports! Quelle preuve plus frappante de l'infidélité ou de la légereté des témoins ? Mais ce qu'il est essentiel de remarquer, c'est qu'Espaillac, garçon Perruquier, n'a point confirmé par sa déposition, les propos qu'on lui fait tenir. Le fait est notoire, puisque c'est le motif du décret de prise-de-corps prononcé contre lui par les Capitouls. On assure également que la servante du sieur Durand n'a rien dit des prétendus cris : *Mon Dieu ! pourquoi m'étranglez-vous ?* Et vraissemblablement il en est de même d'une infinité d'autres témoins. Que doit-on donc penser des preuves sur lesquelles l'infortuné Calas a été condamné ?

Mais écartons pour un moment la contradiction de ces différens rapports. Si les cris ont été si multipliés, il faut supposer par conséquent que M. A. Calas auroit connu qu'on vouloit l'étrangler ; & certainement s'il a eu cette connoissance, s'il a eu le tems de crier au secours, à l'assassin,

B

&c. il aura eu également le tems de se mettre en défense & de résister ; & il ne faut pas douter qu'il ne l'eût fait, car c'est une idée folle & ridicule de prétendre, comme certaines personnes ont eu l'imbécillité de le dire, qu'il étoit si soumis à son pere, que s'il lui avoit dit, *je veux te couper la tête*, il l'auroit présentée sans résistance. De pareils propos ne prendront jamais crédit chez les personnes sensées.

Il est donc indubitable, même d'après les dépositions des témoins, que si M. A. Calas avoit été étranglé, il auroit eu le tems de se défendre, & qu'il se seroit défendu en effet : or, s'il s'étoit défendu, n'en auroit-on apperçu aucune trace sur son corps ? N'auroit-il reçu aucun coup, aucune blessure, aucune contusion ? Le Conseil est à-portée de vérifier d'après les rapports des Médecins & Chirurgiens, s'il s'est trouvé quelque marque de combat sur le cadavre de Marc-Antoine Calas; & si, comme on l'assure, il ne s'en est trouvé aucune, n'est-il pas évident que tous les prétendus cris rapportés par les témoins, ne sont que des visions & des chimeres enfantées par la legéreté, ou peut-être par la méchanceté ?

3°. PLUSIEURS témoins ont rapporté différens propos qu'ils ont prétendu tenir de Louis Calas, nouvellement converti : par exemple, qu'une marque qu'il porte au visage, venoit d'un coup de pistolet que son pere lui avoit tiré dans l'escalier ; qu'on l'avoit tenu pendant quinze jours enfermé à la cave, les pieds nuds, au pain & à l'eau, &c. Mais d'autres témoins rapportent, à ce qu'on assure, avoir entendu dire à Louis Calas lui-même, que cette marque au visage venoit d'un pétard qu'il avoit tiré sur la place publique. Ce fait est d'ailleurs incontestable, & il pourroit être attesté en cas de besoin par le sieur Camoire, Chirurgien, qui a pansé la plaie causée par cet accident, & qui a été témoin des soins assidus de la veuve Calas auprès de son fils, jusqu'à ce qu'il fût rétabli. Que penser des témoins après une variété aussi essentielle dans leurs dépositions ?

Au surplus, sans prétendre attaquer ici les sentimens de Louis Calas, dont la conversion n'est fondée sans doute que sur des motifs purs, & désintéressés, ne se peut-il pas faire que ce jeune homme, après être sorti brusquement de la maison de son pere, ait hasardé beaucoup de discours dans la Ville de Toulouse, soit pour excuser sa conduite, soit peut-être pour se faire valoir auprès des anciens Catholiques disposés à lui fournir des secours, soit pour se concilier la bienveillance & la protection des personnes puissantes, dont il croyoit avoir besoin pour forcer son pere à lui payer un apprentissage & une pension ; soit enfin par une légereté & une imprudence excusables dans un jeune homme de cet âge ?

Ce qu'on peut dire de Louis Calas, on peut le penser également de plusieurs particuliers dont les témoins ont cité des oui-dires sans nombre. Il n'est que trop ordinaire de voir des personnes qui se sont fait une espece d'habitude de débiter froidement des propos dont elles connoissent elles-mêmes la fausseté, mais dont elles se font un plaisir dangereux de payer la curiosité de ceux qui les interrogent. Dans une Ville comme Toulouse, la mort de M. A. Calas étoit devenue l'objet de toutes les conversations publiques & particulieres ;

chacun s'empreſſoit de demander les circonſtan-ces de ſa mort ; & les queſtions multipliées à l'in-fini ſur le fait en lui-même, ſur ſes cauſes & ſur ſes circonſtances, attiroient autant de différentes réponſes, ſuivant le génie & le caractere de ceux qui faiſoient les queſtions, & de ceux qui y répon-doient. Les uns, par une eſpece d'ambition de pa-roître inſtruits, les autres par enthouſiaſme, par démangeaiſon de parler, ou même par méchan-ceté, chacun y mettoit du ſien, chacun rapportoit le fait, ſuivant qu'il étoit affecté, ou ſuivant que le caprice le conduiſoit. Qu'on raſſemble tous les propos qui ſe débitent, même dans les événemens ordinaires & les moins importans, oſeroit-on en former, on ne dit pas un corps de preuves, mê-me une préſomption raiſonnable ? Et n'éprouve-t-on pas tous les jours au contraire que ces ſortes de bruits publics ne ſont dignes ſouvent que d'un ſouverain mépris ?

Mais ce qui eſt plus fâcheux encore, c'eſt que peut-être pluſieurs de ceux qui s'étoient avancés imprudemment juſqu'à haſarder dans le public des propos téméraires ſur les circonſtances de la mort de M. A. Calas, ſe ſont crus intéreſſés à les ſoutenir comme témoins, lorſqu'ils ont été aſſi-gnés pour dépoſer dans les informations. L'exem-ple du nommé *Eſpaillac*, decrété de priſe-de-corps par les Capitouls, pour n'avoir pas répété dans ſa dépoſition un propos en l'air qu'il avoit débité, dit-on, en raſant trois Freres Tailleurs *, cet exemple étoit bien capable d'intimider ceux qui pouvoient ſe trouver dans le même cas ; & la crainte d'un pareil ſort a produit, peut-être, bien de fauſſes dépoſitions, dont on s'eſt ſervi pour

* *Voyez le Mémoire im-primé, pag. 17, 18 & 19.*

appuyer la condamnation de l'infortuné Calas.

POUR METTRE le Conseil à-portée de juger de la confiance dûe aux témoins entendus dans cette funeste affaire, on croit devoir citer ici ce qui a été rapporté dans le public d'une déposition, ou révélation, de la nommée *Jeanneton Petit*, Couturiere.

On s'imagine, peut-être, que cette déposition charge directement les Calas, & il y a lieu de croire en effet que ceux qui l'ont dictée à Jeanneton Petit, n'avoient pas d'autre intention. Mais cette fille, notoirement imbécille, a mal retenu, sans doute, la leçon qu'on lui avoit faite ; & confondant le nom de *Calas* avec celui de *Lavaysse*, elle a attribué mal-adroitement à la dame Lavaysse, ce qu'on l'avoit chargée de déposer contre la dame Calas. Voici l'histoire telle qu'on l'a débitée. Elle prouvera jusqu'à quel point on a cherché à calomnier les Calas.

Jeanneton Petit a déclaré qu'étant près de quitter la Religion Protestante pour se faire Catholique, elle alla à la Messe un Dimanche, pendant son séjour chez la dame Lavaysse, où elle étoit en journée. A son retour, dit-elle, la dame Lavaysse la mande dans sa chambre, & lui dit tranquillement, *mettez votre main sur cette table*. Cette fille obéit sans se méfier de rien, quoique le sieur Lavaysse, fils aîné, l'eût saisie pour lui tenir la main, ce qui auroit dû cependant lui devenir suspect. Alors la dame Lavaysse, tout-à-coup devenue furieuse, tire *un tranchelard*, & lui en décharge un si grand coup sur la main, à la naissance des doigts, que le tranchelard demeura enfoncé dans la playe.

A ce récit, on croiroit que Jeanneton Petit a dû s'évanouir du coup, & que l'exceſſive douleur lui aura fait perdre connoiſſance & tout ſentiment : point du tout ; elle ſort de la chambre, le tranche-lard toujours fiché dans la main ; elle a le courage de ſe rendre juſqu'à la métairie, où le fermier lui arrache enfin ce fatal inſtrument qui avoit fait une ſi profonde inciſion dans les doigts ſans les couper.

Mais au moins, dira-t-on, après un pareil attentat, la dame Lavayſſe & ſon fils auront fait des efforts pour retenir Jeanneton Petit, & prévenir l'éclat qui pouvoit en réſulter ? Non. Bien loin de là, le ſieur Lavayſſe fils, ſuit cette fille à la métairie, & pour hâter ſa marche, il lui donne, chemin faiſant, des coups de poing qui lui meurtrirent tout le côté gauche. On la tranſporta enſuite chez ſon oncle, Chirurgien à Caraman, & la bleſſure ſe trouva ſi furieuſe, qu'elle n'en fut guérie qu'au bout de dix-huit mois.

On ajoute que cette ſcène s'étoit paſſée huit ans avant la mort de M. A. Calas, & que l'oncle le Chirurgien, le fermier de la métairie, & tous ceux qui avoient vu la bleſſure, avoient été aſſez diſcrets pour qu'il n'en eût rien tranſpiré juſqu'alors.

Une hiſtoire auſſi abſurde ne mérite pas d'être réfutée ſérieuſement ; il paroît même que les Juges en ont eu la même opinion, puiſque la dépoſition de Jeanneton Petit n'a eu aucune ſuite. Pourquoi donc, dira-t-on, rapporter une pareille abſurdité ? C'eſt pour faire voir que dans la malheureuſe affaire de Calas, il y a eu, non-ſeulement du fanatiſme & de l'enthouſiaſme, mais encore de la malignité & du deffein de nuire. Car enfin, à quel propos a-t-on été chercher *Jeanneton Petit* pour lui faire tenir un difcours auffi dépourvu de raifon & de bon fens ? Cette hiftoire, il eft vrai, eft un délire manifefte ; mais pour être abfurde, elle n'en eft pas moins méchante, elle n'en prouve que mieux l'acharnement & la mauvaife volonté de ceux qui fe font donné la peine de la compofer ; & quels violens foupçons n'en réfulte-t-il pas contre les dépofitions des autres témoins ?

Que penfera-t-on, par exemple, de la dépofition de Catherine Daulmiere, rapportée dans le mémoire imprimé ? On affure que les Capitouls lui ayant fait repréfenter, au récolement, le cadavre nud de M. A. Calas, qu'ils avoient fait tirer de la chaux vive où il étoit depuis près de quinze jours, cette Couturiere eut le talent de reconnoître dans ce cadavre défiguré, la taille & les traits d'un jeune homme qu'elle n'avoit vu, dit-elle, que dans des momens de dévotion.

* Pag. 7 & 72.

§. V.

UNE DES MEILLEURES preuves qu'on puiffe avoir que les informations n'ont préfenté aucun fait qui pût autorifer la condamnation de Jean Calas, c'eft l'attention qu'on a eue de faire valoir dans le public la prétendue impoffibilité phyfique que M. A. Calas fe fût pendu lui-même. C'eft donc fur des raifonnemens & fur des combinaifons toujours fujettes à mille erreurs, que cet infortuné vieillard a péri fur l'échaffaud.

La famille de Calas fe flatte d'avoir démontré dans fon Mémoire imprimé, que rien n'eft plus

chimérique que cette prétendue impoſſibilité.
Elle ſe bornera ici à une ſeule réflexion.

On a fait valoir contre Calas, pere, un argument pris de ce qu'il ne s'eſt trouvé, dit-on, ni
chaiſe, ni eſcabelle, ni tabouret dont ſon fils eût
pû ſe ſervir pour s'élever juſqu'à la hauteur de la
porte du magaſin, & y poſer le billot auquel il
s'eſt ſuſpendu. Il auroit fallu, dit-on, qu'il ſe fût
élevé de lui-même juſqu'à la hauteur de deux
pans, autrement un pié quatre pouces quatre li-
gnes & demie. Or, cela eſt phyſiquement impoſſi-
ble : donc c'eſt le pere qui a étranglé ſon fils par
ſuſpenſion, ou par torſion.

On conçoit combien cette horrible conſéquence eſt injuſte & fauſſe. Mais, d'ailleurs, par où
eſt-il conſtaté qu'il ne ſe ſoit effectivement trouvé
ni chaiſe, ni eſcabelle, ni tabouret auprès du cadavre de M. A. Calas ? Le Procès-verbal du ſieur
David en fait-il mention ? Quand bien-même il en
feroit mention, s'enſuivroit-il qu'il n'y en eût
point avant l'arrivée de ce Capitoul ? Ne ſe peut-
il pas faire qu'en accourant vers le cadavre, le
pere, le frere & le ſieur Lavayſſe euſſent écarté
ſieges, tabourets, & tout ce qui pouvoit nuire ou
s'oppoſer à leur paſſage ? n'eſt-il pas même probable qu'ils l'ont fait ?

On a prétendu que Calas pere eſt convenu dans
quelque interrogatoire, qu'il n'y avoit point de
chaiſe, ni de tabouret auprès de ſon fils. D'abord
ce prétendu aveu eſt un fait qu'il faut vérifier.
Au ſurplus, n'eſt-il pas naturel de penſer que dans
les premiers accès de douleur & de déſeſpoir de
ce malheureux pere, il n'aura pas vu les ſieges ou
tabourets qui pouvoient être au-tour de ſon fils,
qu'il les aura écartés machinalement, & que tout

occupé du funeste objet qui frappoit ses yeux, il n'aura rien vu, ni rien distingué au-delà?

§. V I.

QUOIQUE les moyens de cassation établis contre l'Arrêt du 9 Mars 1762, ne paroissent pas devoir laisser d'incertitude sur le succès de la demande de la famille Calas ; cependant pour ne négliger aucun moyen dans une affaire aussi grave, elle a cru devoir conclure subsidiairement à la révision du procès.

La révision, suivant la remarque de M. le Premier Président de Lamoignon, lors des Conférences sur l'Ordonnance de 1670, est, en matiere criminelle, ce qu'étoient, en matiere civile, les propositions d'erreur, avant qu'elles eussent été abrogées par l'Ordonnance de 1667, & ce que sont encore aujourd'hui les moyens de Requête civile. Ainsi les moyens qui étoient autrefois admis comme propositions d'erreur, & qui sont regardés à-présent comme ouvertures de Requête civile, doivent servir également à faire ordonner la révision des procès criminels.

Bornier, sur l'article 42. du titre 35. de l'Ordonnance de 1667, & les autres Auteurs qui ont traité cette matiere, enseignent que la proposition d'erreur avoit lieu lorsque la partie qui avoit succombé soutenoit que les Juges *avoient erré en fait*. A l'égard des Requêtes civiles, tout le monde connoît les ouvertures admises par l'Ordonnance de 1667 ; par exemple, *si la procédure ordonnée par Sa Majesté n'a point été suivie, s'il y a contrariété d'Arrêts ou Jugemens en dernier ressort, entre les mêmes Parties, sur les mêmes moyens, & en mê-mes Cours & Jurisdictions, s'il y a des pieces décisi-ves nouvellement recouvrées, &c.*

D'après ces regles, examinons si, en tout évé-nement, le remede de la révision peut être refusé à la famille Calas.

1°. IL Y A certainement *erreur de fait* de la part des Juges, en ce qu'ils ont pensé que Marc-An-toine Calas étoit converti, ou sur le point de se convertir à la Religion Catholique ; d'où ils ont conclu que ses parens l'avoient étranglé en haine de sa conversion. C'est ce dont il est impossible de douter lorsqu'on réfléchit sur la peine pro-noncée contre Calas pere. Il suffit d'ailleurs de jetter les yeux sur toute la procédure, notam-ment sur le Monitoire * publié à Toulouse à deux reprises différentes, d'autorité des Capitouls, & ensuite du Parlement, & de se rappeller la pompe funebre de Marc-Antoine Calas, autorisée par les Magistrats, ainsi que les honneurs qui lui ont été rendus comme à un Martyr de la Religion.

Nul doute par conséquent que les Juges n'aient été persuadés que Marc-Antoine Calas s'étoit converti, & que par cette raison ses parens l'a-voient étranglé. Or il est démontré aujourd'hui que cette prétendue conversion est une erreur de fait, & il n'en faut pas d'autres preuves que le fait certain qu'il ne s'est présenté, ni à Toulouse, ni ailleurs, aucun Ecclésiastique qui ait pu dire l'a-voir converti, ni même l'avoir disposé à sa con-version. Il y a donc justice & nécessité de retrac-ter l'Arrêt du 9 Mars 1762 ; car il est impossible que la condamnation subsiste, lorsque le fonde-ment de l'accusation est anéanti.

* Voyes le Mémoire imprimé, 17,

Ajoutons que l'erreur des Juges eſt conſtatée par la perſévérance de Calas pere, à proteſter de ſon innocence, ſoit à la queſtion, ſoit pendant tout le tems qu'a duré ſon ſupplice, & juſqu'au dernier ſoupir. C'eſt ce fait nouvellement acquis, qui a donné lieu au ſecond Arrêt du 18 Mars 1762, par lequel les autres Accuſés ont été mis hors de Cour. Par cet Arrêt, les Juges ont authentiquement reconnu leur erreur, puiſque dans une cauſe parfaitement égale, ils ont rendu un Arrêt ſi différent du premier.

2°. PEUT-ON nier que la procédure ordonnée par Sa Majeſté *n'ait point été ſuivie*, lorſqu'on ſçait que, dès l'origine du procès, le ſieur David a négligé les précautions qui lui étoient preſcrites par l'Ordonnance, pour conſtater le fait à charge ou à décharge ; qu'il n'a point dreſſé procès-verbal du lieu ; qu'il n'a point fait la deſcription des meubles, hardes, livres du défunt & des inſtrumens de ſa mort, & qu'il ne les a point fait tranſporter au Greffe dans les vingt-quatre heures ? Ce ſont-là autant de contraventions à l'Ordonnance, & par conſéquent de moyens de caſſation. Mais quand bien même le Conſeil feroit difficulté de les admettre comme moyens de caſſation, ce qu'on n'a garde de penſer, au-moins ne peut-on nier que ce ne ſoit le cas de la réviſion, puiſqu'en négligeant les procédures & les formalités preſcrites par l'Ordonnance, les Juges ſe ſont mis hors d'état de connoître clairement la vérité du fait : ce qui eſt le ſeul objet légitime de tout procès criminel.

3°. LA contrariété d'Arrêts ne peut être plus manifeſte. De cinq co-accuſés qui ſe ſont défendus par les mêmes moyens , & dont la cause étoit égale , puisqu'ils ne s'étoient pas quittés un instant, un seul est condamné, les autres sont mis hors de Cour.

Voilà deux décisions bien contradictoires. Car l'Arrêt du 9 Mars 1762 suppose nécessairement, & il porte même en termes exprès , que Calas pere est *atteint & convaincu* du crime d'homicide en la personne de son fils ; c'est-à-dire qu'il y a contre lui preuve complete de ce crime atroce.

Au contraire , l'Arrêt du 18 du même mois suppose sans contredit , au-moins qu'il n'y a point de preuves du prétendu crime. Car la cause des Accusés étant indivisible , il étoit impossible que Calas pere fût convaincu d'être coupable, sans que les autres Accusés le fussent aussi ; & il étoit également impossible que ces derniers fussent innocens , sans que Calas pere fût innocent comme eux.

Il y a donc une contrariété manifeste entre les deux Arrêts des 9 & 18 Mars 1762 ; contrariété qui subsiste , pour se servir des propres termes de l'Ordonnance , *entre les mêmes parties , sur les mêmes moyens , & en mêmes Cours & Jurisdictions.*

4°. E N F I N la famille Calas a produit une *piece nouvellement recouvrée* , qui suffit seule pour démontrer la chimere de la conversion de Marc-Antoine Calas. C'est la lettre qu'il écrivoit à son ami Cazeing , à Nismes , le 18 Janvier 1761 , neuf mois avant sa mort. Cette lettre, dont les termes sont rapportés dans le Mémoire imprimé, prouve qu'il regardoit comme *un déserteur* Louis Calas son frere , pour avoir abandonné la Religion

Proteſtante, & que par conſéquent il blâmoit & déſavouoit formellement ſa converſion.

Bien plus : le Teſtament de mort de Jean Ca-las, le procès-verbal d'exécution, & l'Arrêt du 18 Mars 1762, qui en conſéquence a mis les au-tres Accuſés hors de Cour, ſont des pieces nou-velles en faveur de la mémoire de cet infortuné pere. Car puiſque d'après ces nouvelles pieces, les Juges n'ont pas cru pouvoir faire autrement que de mettre les autres Accuſés hors de Cour, il s'enſuit que Calas pere lui-même auroit été mis également, au-moins hors de Cour, ſi les Juges avoient prévu que les douleurs de la queſtion & du ſupplice, & la vue effrayante de la mort, ne ſeroient pas capables de lui faire changer de lan-gage.

Ainſi, tout concourt pour faire renverſer la condamnation prononcée contre Calas, pere, par l'Arrêt du 9 Mars 1762. C'eſt une juſtice qui eſt dûe à ſa famille ; tous les citoyens l'attendent comme une ſatisfaction qui doit aſſûrer leur pro-pre tranquillité, & l'Univers entier, qui a les yeux fixés ſur cette affaire, applaudira avec tranſport à la déciſion qui réhabilitera la mémoire d'un Ci-toyen auſſi injuſtement condamné.

BUREAU DES CASSATIONS.

Monſieur **THIROUX DE CROSNE**, *Maître des Requêtes, Rapporteur.*

Me **MARIETTE**, Avocat.

De l'Imprimerie de **LE BRETON**, premier Imprimeur ordinaire du **ROI**, 1764.